P9-ARU-991

ŒUVRE POÉTIQUE
1950-1990

DU MÊME AUTEUR

Les Songes en équilibre, poèmes, Montréal, Éditions de l'Arbre, 1942.

Le Torrent, nouvelles, Montréal, Éditions Beauchemin, 1950 ; Paris, Éditions du Seuil, 1965 et Montréal, Éditions H.M.H., 1976.

Le Tombeau des rois, poèmes, Montréal, Institut littéraire du Québec, 1953.

Les Chambres de bois, roman, Paris, Éditions du Seuil, 1958 et coll. « Points Roman », 1985.

Poèmes, Paris, Éditions du Seuil, 1960.

Le Temps sauvage, théâtre, Montréal, Éditions H.M.H., 1967.

Dialogue sur la traduction, en collaboration avec Frank Scott, Montréal, Éditions H.M.H., 1970.

Kamouraska, roman, Paris, Éditions du Seuil, 1970 et coll. « Points Roman », 1983.

Les Enfants du Sabbat, roman, Paris, Éditions du Seuil, 1975 et coll. « Points Roman », 1983 ; Montréal, Éditions du Boréal, coll. « Boréal compact », 1995.

Héloïse, roman, Paris, Éditions du Seuil, 1980.

Les Fous de Bassan, roman, Paris, Éditions du Seuil, 1982.

Le Premier Jardin, roman, Paris, Éditions du Seuil, 1988 ; Montréal, Éditions du Boréal, coll. « Boréal compact », 2000.

La Cage suivi de *L'Île de la demoiselle,* théâtre, Montréal/Paris, Éditions du Boréal/Éditions du Seuil, 1990.

L'Enfant chargé de songes, roman, Paris, Éditions du Seuil, 1992.

Le jour n'a d'égal que la nuit, poèmes, Montréal/Paris, Éditions du Boréal/Éditions du Seuil, 1992.

Aurélien, Clara, Mademoiselle et le Lieutenant anglais, roman, Paris, Éditions du Seuil, 1995.

Poèmes pour la main gauche, Montréal, Éditions du Boréal, 1997.

Est-ce que je te dérange ?, récit, Paris, Éditions du Seuil, 1998.

Un habit de lumière, roman, Paris, Éditions du Seuil, 1999.

Les Éditions du Boréal remercient le Conseil des Arts du Canada ainsi que
le ministère du Patrimoine canadien et la SODEC pour leur soutien financier.

© 1960 Les Éditions du Seuil
© 1992 Boréal/Seuil
Dépôt légal : 1er trimestre 1993
Bibliothèque nationale du Québec

Diffusion au Canada : Dimedia
Diffusion et distribution en Europe : Les Éditions du Seuil

Données de catalogage avant publication (Canada)

Hébert, Anne, 1916-

    Œuvre poétique 1950-1990

    (Boréal compact, 40)

    ISBN 2-89052-520-1

    I. Titre.

PS8515.E16A17   1992   C841'.54   C92-097240-3
PS9515.E16A17   1992
PQ3919.2.H42A17M   1992

Anne Hébert

ŒUVRE POÉTIQUE

1950-1990

Boréal

LE TOMBEAU DES ROIS

(1953)

PRÉSENTATION
par Pierre Emmanuel

Il y a une solitude de la poésie. La poésie d'Anne Hébert en est peut-être l'un des témoins les plus irrécusables. Réduite à l'essentiel, cette langue refuse tous les prestiges qui la rendraient habitable aux amateurs de poésie. Elle demande à ses lecteurs un renoncement égal à son exigence. Quelle exigence ? La même que renferment les mots. Un verbe austère et sec, rompu, soigneusement exclu de la musique : des poèmes comme tracés dans l'os par la pointe d'un poignard, voilà ce qu'Anne Hébert propose. Aucun adjectif, aucune image flamboyante ou simplement ornementale, aucune arabesque sonore, aucun développement lyrique, aucun thème intellectuel : partout la discontinuité apparente d'un symbolisme épars. Mais prenez-y garde : cette discontinuité est la vôtre, non celle du poète. Le langage d'Anne Hébert veut être absolument concret, et traverser, de l'apparence à l'être des choses, toute l'épaisseur du sens. Aussi, peu de mots sont-ils employés, mais tous nécessaires et pris dans leur signification exhaustive : si loin que vous les sondiez, vous ne les épuiserez pas. Les espaces qui sont entre eux, les vides qui paraissent s'étendre entre les images qu'ils forment, ne le sont que pour le lecteur superficiel : ce sont en vérité des étendues de relation, innervées de rapports invisibles, que le lecteur peut susciter et même créer à sa guise, par sympathie. On peut faire l'expérience des déserts de l'âme à Québec aussi bien qu'en Arabie pétrée.

Pierre Emmanuel

ÉVEIL AU SEUIL D'UNE FONTAINE

Ô ! spacieux loisir
Fontaine intacte
Devant moi déroulée
À l'heure
Où quittant du sommeil
La pénétrante nuit
Dense forêt
Des songes inattendus
Je reprends mes yeux ouverts et lucides
Mes actes coutumiers et sans surprises
Premiers reflets en l'eau vierge du matin.

La nuit a tout effacé mes anciennes traces.
Sur l'eau égale
S'étend
La surface plane
Pure à perte de vue
D'une eau inconnue.

Et je sens dans mes doigts
À la racine de mon poignet
Dans tout le bras
Jusqu'à l'attache de l'épaule
Sourdre un geste
Qui se crée
Et dont j'ignore encore
L'enchantement profond.

SOUS LA PLUIE

Ah que la pluie dure !
Lente fraîcheur
Sur le monde replié
Passif et doux.

Pluie pluie
Lente lente pluie
Sur celle qui dort
Ramenant sur soi le sommeil transparent
Tel un frêle abri fluide.

Séjour à demi caché
Sous la pluie
Cour intérieure dérobée
Où les gestes de peine
Ont l'air de reflets dans l'eau
Tremblante et pure

Toutes les gouttes du jour
Versées sur celle qui dort.

Nous n'apercevons son cœur
Qu'à travers le jour qu'il fait

Le jour qu'elle ramène
Sur sa peine
Comme un voile d'eau.

LES GRANDES FONTAINES

N'allons pas en ces bois profonds
À cause des grandes fontaines
Qui dorment au fond.

N'éveillons pas les grandes fontaines
Un faux sommeil clôt leurs paupières salées
Aucun rêve n'y invente de floraisons
Sous-marines et blanches et rares.

Les jours alentour
Et les arbres longs et chantants
N'y plongent aucune image.

L'eau de ces bois sombres
Est si pure et si uniquement fluide
Et consacrée en cet écoulement de source
Vocation marine où je me mire.

Ô larmes à l'intérieur de moi
Au creux de cet espace grave
Où veillent les droits piliers
De ma patience ancienne
Pour vous garder
Solitude éternelle solitude de l'eau.

LES PÊCHEURS D'EAU

Les pêcheurs d'eau
Ont pris l'oiseau
Dans leurs filets mouillés.

Toute l'image renversée ;
Il fait si calme
Sur cette eau.

L'arbre
En ses feuilles
Et dessin figé du vent
Sur les feuilles
Et couleurs d'été
Sur les branches.

Tout l'arbre droit,
Et l'oiseau,
Cette espèce de roi
Minuscule et naïf.

Et puis, aussi,
Cette femme qui coud
Au pied de l'arbre
Sous le coup de midi.

Cette femme assise
Refait, point à point,
L'humilité du monde,
Rien qu'avec la douce patience
De ses deux mains brûlées.

LES MAINS

Elle est assise au bord des saisons
Et fait miroiter ses mains comme des rayons.

Elle est étrange
Et regarde ses mains que colorent les jours.

Les jours sur ses mains
L'occupent et la captivent.

Elle ne les referme jamais.
Et les tend toujours.

Les signes du monde
Sont gravés à même ses doigts.

Tant de chiffres profonds
L'accablent de bagues massives et travaillées.

D'elle pour nous
Nul lieu d'accueil et d'amour
Sans cette offrande impitoyable
Des mains de douleurs parées
Ouvertes au soleil.

PETIT DÉSESPOIR

La rivière a pris les îles que j'aimais
Les clefs du silence sont perdues
La rose trémière n'a pas tant d'odeur qu'on croyait
L'eau autant de secrets qu'elle le chante

Mon cœur est rompu
L'instant ne le porte plus.

NUIT

La nuit
Le silence de la nuit
M'entoure
Comme de grands courants sous-marins.

Je repose au fond de l'eau muette et glauque.
J'entends mon cœur
Qui s'illumine et s'éteint
Comme un phare.

Rythme sourd
Code secret
Je ne déchiffre aucun mystère.

À chaque éclat de lumière
Je ferme les yeux
Pour la continuité de la nuit
La perpétuité du silence
Où je sombre.

LA VOIX DE L'OISEAU

J'entends la voix de l'oiseau mort
Dans un bocage inconnu.

L'oiseau chante sa plainte
À la droite
De ma nuit.

J'entends le bruissement des peupliers
Qui font un chant liquide
Tout autour de moi,

Île noire
Sur soi enroulée.
Captivité.

De moi à l'oiseau
De moi à cette plainte
De l'oiseau mort
Nul passage
Nul secours

Que sa plainte reçue
Que sa plainte revêtue
Par la voix intérieure

Pareillement blessée
Pareillement d'ailleurs

D'une nuit égale
D'une mort égale
Ô Paradis déchiré !

LES PETITES VILLES

Je te donnerai de petites villes
De toutes petites villes tristes.

Les petites villes dans nos mains
Sont plus austères que des jouets
Mais aussi faciles à manier.

Je joue avec les petites villes.
Je les renverse.
Pas un homme ne s'en échappe
Ni une fleur ni un enfant.

Les petites villes sont désertes
Et livrées dans nos mains.

J'écoute, l'oreille contre les portes
J'approche une à une toutes les portes,
De mon oreille.

Les maisons ressemblent à des coquillages muets
Qui ne gardent dans leurs spirales glacées
Aucune rumeur de vent
Aucune rumeur d'eau.

Les parcs et les jardins sont morts
Les jeux alignés
Ainsi que dans un musée.

Je ne sais pas où l'on a mis
Les corps figés des oiseaux.

Les rues sont sonores de silence.
L'écho du silence est lourd
Plus lourd
Qu'aucune parole de menace ou d'amour

Mais voici qu'à mon tour
J'abandonne les petites villes de mon enfance.
Je te les offre
Dans la plénitude
De leur solitude.

Comprends-tu bien le présent redoutable ?
Je te donne d'étranges petites villes tristes,
Pour le songe.

INVENTAIRE

Dans un réduit
Très clair et nu
On a ouvert son cœur
En toute pitié :

Fruit crevé
Fraîche entaille
Lame vive et ciselée
Fin couteau pour suicidés.

Le sang (qui n'étonne personne)
Rutile
Goutte à goutte
(Quand il brunira
Nous serons loin
Et bien à couvert.)

Des deux mains plongées
Nous avons tout saisi
Tout sorti :

Livres chiffons cigarettes
Colliers de verre
Beau désordre
Lit défait
Et vous chevelure abandonnée.

Joies bannies
Désespoirs troués
Nul insolent trésor
En ostensoir

La châsse d'or
Que nous avions faite au mystère
Se dresse pillée
Spacieux désert.

Sur une table sans pieds
Son propre visage rongé
Qu'on a aussitôt jeté.

VIEILLE IMAGE

Tout détruire
Le village
Et le château

Ce mirage de château
À la droite
De notre enfance.

L'allée de pins
Se ravine
Comme un mauvais chemin

Et nous marchons
Dans cet abîme
Se creusant.

Les pas des morts
Les pas des morts
Nous accompagnent
Doux muets.

Nous affichons
Notre profonde différence
En silence :

La rage
Qui oppresse notre poitrine
La corde que nous tenons
Et la poutre d'ébène
Que nous cherchons
Au grenier
De la plus douce tourelle.

Et, vieille image
Château village
Croulent au soleil
Sous le poids léger
D'un seul pendu.

LA FILLE MAIGRE

Je suis une fille maigre
Et j'ai de beaux os.

J'ai pour eux des soins attentifs
Et d'étranges pitiés

Je les polis sans cesse
Comme de vieux métaux.

Les bijoux et les fleurs
Sont hors de saison.

Un jour je saisirai mon amant
Pour m'en faire un reliquaire d'argent.

Je me pendrai
À la place de son cœur absent.

Espace comblé,
Quel est soudain en toi cet hôte sans fièvre ?

Tu marches
Tu remues ;
Chacun de tes gestes
Pare d'effroi la mort enclose.

Je reçois ton tremblement
Comme un don.

Et parfois
En ta poitrine, fixée,
J'entrouvre
Mes prunelles liquides

Et bougent
Comme une eau verte
Des songes bizarres et enfantins.

EN GUISE DE FÊTE

Le soleil luit
Le soleil luit
Le monde est complet
Et rond le jardin.

J'ai allumé
Deux chandelles
Deux feux de cire
Comme deux fleurs jaunes.

Le jour pourrit
Les feux de nuit,
Deux fleurs fanées,
Aux blanches tiges d'église ;

Le monde est en ordre
Les morts dessous
Les vivants dessus.

Les morts me visitent
Le monde est en ordre
Les morts dessous
Les vivants dessus.

Les morts m'ennuient
Les vivants me tuent.

J'ai allumé
Deux fleurs tremblantes,
J'ai pris mes yeux
Dans mes mains
Comme des pierres d'eau

Et j'ai dansé
Les gestes des fous
Autour de mes larmes
En guise de fête.

UN MUR À PEINE

Un mur à peine
Un signe de mur
Posé en couronne
Autour de moi.

Je pourrais bouger
Sauter la haie de rosiers,
L'enlever comme une bague
Pressant mon cœur

Gagner l'univers
Qui fuit
Sans un cri.

Seule ma fidélité me lie.
Ô liens durs
Que j'ai noués
En je ne sais quelle nuit secrète
Avec la mort !

Petit espace
Et mesure exacte
Des gestes futurs.

Au centre de l'enclos
La source du sang
Plantée droit

Cet arbre crispé
Et vous feuillages
Des veines
Et des membres soumis.

Par les jours calcaires et blancs,
Forme d'arbre en la durée
Bouleau clair
Aux sombres épanchements figés
Les doigts sans aucun désir
Étendus ;
Mon cœur sera bu comme un fruit.

LA CHAMBRE FERMÉE

Qui donc m'a conduite ici ?
Il y a certainement quelqu'un
Qui a soufflé sur mes pas.
Quand est-ce que cela s'est fait ?
Avec la complicité de quel ami tranquille ?
Le consentement profond de quelle nuit longue ?

Qui donc a dessiné la chambre ?
Dans quel instant calme
A-t-on imaginé le plafond bas
La petite table verte et le couteau minuscule
Le lit de bois noir
Et toute la rose du feu
En ses jupes pourpres gonflées
Autour de son cœur possédé et gardé
Sous les flammes orange et bleues ?

Qui donc a pris la juste mesure
De la croix tremblante de mes bras étendus ?
Les quatre points cardinaux
Originent au bout de mes doigts
Pourvu que je tourne sur moi-même
Quatre fois
Tant que durera le souvenir
Du jour et de la nuit.

Mon cœur sur la table posé,
Qui donc a mis le couvert avec soin,
Affilé le petit couteau
Sans aucun tourment
Ni précipitation ?
Ma chair s'étonne et s'épuise
Sans cet hôte coutumier
Entre ses côtes déraciné.
La couleur claire du sang
Scelle la voûte creuse
Et mes mains croisées
Sur cet espace dévasté
Se glacent et s'enchantent de vide.

Ô doux corps qui dort
Le lit de bois noir te contient
Et t'enferme strictement pourvu que tu ne bouges.
Surtout n'ouvre pas les yeux !
Songe un peu
Si tu allais voir
La table servie et le couvert qui brille !

Laisse, laisse le feu teindre
La chambre de reflets
Et mûrir et ton cœur et ta chair ;
Tristes époux tranchés et perdus.

LA CHAMBRE DE BOIS

Miel du temps
Sur les murs luisants
Plafond d'or
Fleurs des nœuds
    cœurs fantasques du bois

Chambre fermée
Coffre clair où s'enroule mon enfance
Comme un collier désenfilé.

Je dors sur des feuilles apprivoisées
L'odeur des pins est une vieille servante aveugle
Le chant de l'eau frappe à ma tempe
Petite veine bleue rompue
Toute la rivière passe la mémoire.

Je me promène
Dans une armoire secrète.
La neige, une poignée à peine,
Fleurit sous un globe de verre
Comme une couronne de mariée.
Deux peines légères
S'étirent
Et rentrent leurs griffes.

Je vais coudre ma robe avec ce fil perdu.
J'ai des souliers bleus

Et des yeux d'enfant
Qui ne sont pas à moi.
Il faut bien vivre ici
En cet espace poli.
J'ai des vivres pour la nuit
Pourvu que je ne me lasse
De ce chant égal de rivière
Pourvu que cette servante tremblante
Ne laisse tomber sa charge d'odeurs
Tout d'un coup
Sans retour.

Il n'y a ni serrure ni clef ici
Je suis cernée de bois ancien.
J'aime un petit bougeoir vert.

Midi brûle aux carreaux d'argent
La place du monde flambe comme une forge
L'angoisse me fait de l'ombre
Je suis nue et toute noire sous un arbre amer.

DE PLUS EN PLUS ÉTROIT

Cette femme à sa fenêtre
La place des coudes sur l'appui
La fureur vermeille jointe à côté
Bel arbre de capucines dans un grès bleu.

Elle regarde passer des équipages amers
Et ne bouge
De tout le jour
De peur de heurter la paroi du silence derrière elle

Souffle glacé sur sa nuque
Lieu sourd où cet homme de sel
N'a que juste l'espace
Entre cette femme de dos et le mur
Pour maudire ses veines figées à mesure qu'il respire
Sa lente froide respiration immobile.

RETOURNE SUR TES PAS

Retourne sur tes pas ô ma vie
Tu vois bien que la rue est fermée.

Vois la barricade face aux quatre saisons
Touche du doigt la fine maçonnerie de nuit
        dressée sur l'horizon
Rentre vite chez toi
Découvre la plus étanche maison
La plus creuse la plus profonde.

Habite donc ce caillou
Songe au lent cheminement de ton âme future
Lui ressemblant à mesure.

Tu as bien le temps d'ici la grande ténèbre :
Visite ton cœur souterrain
Voyage sur les lignes de tes mains
Cela vaut bien les chemins du monde
Et la grand'place de la mer en tourment

Imagine à loisir un bel amour lointain
Ses mains légères en route vers toi

Retiens ton souffle
Qu'aucun vent n'agite l'air
Qu'il fasse calme lisse et doux
À travers les murailles

Le désir rôde vole et poudre
Recueille-toi et délivre tes larmes
Ô ma vie têtue sous la pierre !

UNE PETITE MORTE

Une petite morte s'est couchée en travers de la porte.

Nous l'avons trouvée au matin, abattue sur notre seuil
Comme un arbre de fougère plein de gel.

Nous n'osons plus sortir depuis qu'elle est là
C'est une enfant blanche dans ses jupes mousseuses
D'où rayonne une étrange nuit laiteuse.

Nous nous efforçons de vivre à l'intérieur
Sans faire de bruit
Balayer la chambre
Et ranger l'ennui
Laisser les gestes se balancer tout seuls
Au bout d'un fil invisible
À même nos veines ouvertes.

Nous menons une vie si minuscule et tranquille
Que pas un de nos mouvements lents
Ne dépasse l'envers de ce miroir limpide
Où cette sœur que nous avons
Se baigne bleue sous la lune
Tandis que croît son odeur capiteuse.

NOS MAINS AU JARDIN

Nous avons eu cette idée
De planter nos mains au jardin

Branches des dix doigts
Petits arbres d'ossements
Chère plate-bande.

Tout le jour
Nous avons attendu l'oiseau roux
Et les feuilles fraîches
À nos ongles polis.

Nul oiseau
Nul printemps
Ne se sont pris au piège de nos mains coupées.

Pour une seule fleur
Une seule minuscule étoile de couleur
Un seul vol d'aile calme
Pour une seule note pure
Répétée trois fois.

Il faudra la saison prochaine
Et nos mains fondues comme l'eau.

IL Y A CERTAINEMENT QUELQU'UN

Il y a certainement quelqu'un
Qui m'a tuée
Puis s'en est allé
Sur la pointe des pieds
Sans rompre sa danse parfaite.

A oublié de me coucher
M'a laissée debout
Toute liée
Sur le chemin
Le cœur dans son coffret ancien
Les prunelles pareilles
À leur plus pure image d'eau

A oublié d'effacer la beauté du monde
Autour de moi
A oublié de fermer mes yeux avides
Et permis leur passion perdue

L'ENVERS DU MONDE

Notre fatigue nous a rongées par le cœur
Nous les filles bleues de l'été
Longues tiges lisses du plus beau champ d'odeur.

Désertées de force
Soulever des pierres dans le courant,
Dévorées de soleil
Et de sourires à fleur de peau.

Hier
Nous avons mangé les plus tendres feuilles du sommeil
Les songes nous ont couchées
Au sommet de l'arbre de nuit.

Notre fatigue n'a pas dormi
Elle invente des masques de soie
Des gants d'angoisse et des chapeaux troués
Pour notre réveil et promenade à l'aube.
Rayonnent après la vie nos pas
De patience et d'habitude.

Dans nos mains peintes de sel
(Les lignes de destin sont combles de givre)
Nous tenons d'étranges lourdes têtes d'amants
Qui ne sont plus à nous
Pèsent et meurent entre nos doigts innocents.

La voix de l'oiseau
Hors de son cœur et de ses ailes rangées ailleurs
Cherche éperdument la porte de la mémoire
Pour vivre encore un petit souffle de temps.

L'une de nous se décide
Et doucement approche la terre de son oreille
Comme une boîte scellée toute sonore d'insectes prisonniers
Elle dit : « La prairie est envahie de bruit
Aucun arbre de parole n'y pousse ses racines silencieuses
Au cœur noir de la nuit.
C'est ici l'envers du monde
Qui donc nous a chassées de ce côté ? »

Et cherche en vain derrière elle
Un parfum, le sillage de son âge léger
Et trouve ce doux ravin de gel en guise de mémoire.

VIE DE CHÂTEAU

C'est un château d'ancêtres
Sans table ni feu
Ni poussière ni tapis.

L'enchantement pervers de ces lieux
Est tout dans ses miroirs polis.

La seule occupation possible ici
Consiste à se mirer jour et nuit.

Jette ton image aux fontaines dures
Ta plus dure image sans ombre ni couleur.

Vois, ces glaces sont profondes
Comme des armoires
Toujours quelque mort y habite sous le tain
Et couvre aussitôt ton reflet
Se colle à toi comme une algue

S'ajuste à toi, mince et nu,
Et simule l'amour en un lent frisson amer.

ROULER DANS DES RAVINS DE FATIGUE

Rouler dans des ravins de fatigue
Sans fin
Sans reprendre haleine
Prise dans ses cheveux
Comme dans des bouquets de fièvre
Le cœur à découvert
Tout nu dans son cou
Agrafé comme un oiseau fou

Vieux caveau de famille
Éventré
Cage de bouleau blanc
Rompue
Jeu de domino
Interrompu
Douce poitrine crevée

Fracas d'ivoire à mi-voix
Contre notre oreille pleine de sable
Bleu du ciel
Grand cri de la lumière au-dessus de nous.

PAYSAGE

Roulée dans ma rage
Comme dans un manteau galeux
Je dors sous un pont pourri
Vert-de-gris et doux lilas

Les douleurs séchées
Algues, ô mes belles mortes,
L'amour changé en sel
Et les mains à jamais perdues.

Sur les deux rives fume mon enfance
Sable et marais mémoire fade
Que hante le cri rauque
D'oiseaux imaginaires châtiés par le vent.

UN BRUIT DE SOIE

Un bruit de soie plus lisse que le vent
Passage de la lumière sur un paysage d'eau.

L'éclat de midi efface ta forme devant moi
Tu trembles et luis comme un miroir
Tu m'offres le soleil à boire
À même ton visage absent.

Trop de lumière empêche de voir ;
            l'un et l'autre torche blanche,
                    grand vide de midi
Se chercher à travers le feu et l'eau fumée.

Les espèces du monde sont réduites à deux
Ni bêtes ni fleurs ni nuages.
Sous les cils une lueur de braise chante à tue-tête.

Nos bras étendus nous précèdent de deux pas
Serviteurs avides et étonnés
En cette dense forêt de la chaleur déployée.
Lente traversée.

Aveugle je reconnais sous mon ongle
        la pure colonne de ton cœur dressé
Sa douceur que j'invente pour dormir
Je l'imagine si juste que je défaille.

Mes mains écartent le jour comme un rideau
L'ombre d'un seul arbre étale la nuit à nos pieds
Et découvre cette calme immobile distance
Entre tes doigts de sable et mes paumes toutes fleuries.

LE TOMBEAU DES ROIS

J'ai mon cœur au poing.
Comme un faucon aveugle.

Le taciturne oiseau pris à mes doigts
Lampe gonflée de vin et de sang,
Je descends
Vers les tombeaux des rois
Étonnée
À peine née.

Quel fil d'Ariane me mène
Au long des dédales sourds ?
L'écho des pas s'y mange à mesure.

(En quel songe
Cette enfant fut-elle liée par la cheville
Pareille à une esclave fascinée ?)

L'auteur du songe
Presse le fil,
Et viennent les pas nus
Un à un
Comme les premières gouttes de pluie
Au fond du puits.

Déjà l'odeur bouge en des orages gonflés
Suinte sous le pas des portes

Aux chambres secrètes et rondes,
Là où sont dressés les lits clos.

L'immobile désir des gisants me tire.
Je regarde avec étonnement
À même les noirs ossements
Luire les pierres bleues incrustées.

Quelques tragédies patiemment travaillées,
Sur la poitrine des rois, couchées,
En guise de bijoux
Me sont offertes
Sans larmes ni regrets.

Sur une seule ligne rangés :
La fumée d'encens, le gâteau de riz séché
Et ma chair qui tremble :
Offrande rituelle et soumise.

Le masque d'or sur ma face absente
Des fleurs violettes en guise de prunelles,
L'ombre de l'amour me maquille à petits traits précis ;
Et cet oiseau que j'ai
Respire
Et se plaint étrangement.

Un frisson long
Semblable au vent qui prend, d'arbre en arbre,
Agite sept grands pharaons d'ébène
En leurs étuis solennels et parés.

Ce n'est que la profondeur de la mort qui persiste,
Simulant le dernier tourment
Cherchant son apaisement
Et son éternité
En un cliquetis léger de bracelets
Cercles vains jeux d'ailleurs
Autour de la chair sacrifiée.

Avides de la source fraternelle du mal en moi
Ils me couchent et me boivent ;
Sept fois, je connais l'étau des os
Et la main sèche qui cherche le cœur pour le rompre.

Livide et repue de songe horrible
Les membres dénoués
Et les morts hors de moi, assassinés,
Quel reflet d'aube s'égare ici ?
D'où vient donc que cet oiseau frémit
Et tourne vers le matin
Ses prunelles crevées ?

MYSTÈRE DE LA PAROLE
(1960)

POÉSIE, SOLITUDE ROMPUE

La poésie est une expérience profonde et mystérieuse qu'on tente en vain d'expliquer, de situer et de saisir dans sa source et son cheminement intérieur. Elle a partie liée avec la vie du poète et s'accomplit à même sa propre substance, comme sa chair et son sang. Elle appelle au fond du cœur, pareille à une vie de surcroît réclamant son droit à la parole dans la lumière. Et l'aventure singulière qui commence dans les ténèbres, à ce point sacré de la vie qui presse et force le cœur, se nomme poésie.

Parfois, l'appel vient des choses et des êtres qui existent si fortement autour du poète que toute la terre semble réclamer un rayonnement de surplus, une aventure nouvelle. Et le poète lutte avec la terre muette et il apprend la résistance de son propre cœur tranquille de muet, n'ayant de cesse qu'il n'ait trouvé une voix juste et belle pour chanter les noces de l'homme avec la terre.

Ainsi Proust, grâce au prestige de sa mémoire, délivre enfin, après une longue habitation secrète en lui, les trois clochers de Martinville qui, dès leur première rencontre avec l'écrivain, s'étaient avérés non achevés, comme en attente de cette seconde vie que la poésie peut signifier à la beauté surabondante du monde.

La poésie colore les êtres, les objets, les paysages, les sensations, d'une espèce de clarté nouvelle, particulière, qui est celle même de l'émotion du poète. Elle transplante la réalité dans une autre terre vivante qui est le cœur du poète, et cela devient une autre réalité, aussi vraie que la première. La vérité qui était éparse dans le monde prend un visage net et précis, celui d'une incarnation singulière.

Poème, musique, peinture ou sculpture, autant de moyens de donner naissance et maturité, forme et élan à cette part du monde qui vit en nous. Et je crois qu'il n'y a que la véhémence d'un très grand amour, lié à la source même du don créateur, qui puisse permettre l'œuvre d'art, la rendre efficace et durable.

Tout art, à un certain niveau, devient poésie. La poésie ne s'explique pas, elle se vit. Elle est et elle remplit. Elle prend sa place comme une créature vivante et ne se rencontre que, face à face, dans le silence et la pauvreté originelle. Et le lecteur de poésie doit également demeurer attentif et démuni en face du poème, comme un tout petit enfant qui apprend sa langue maternelle. Celui qui aborde cette terre inconnue qui est l'œuvre d'un poète nouveau ne se sent-il pas dépaysé, désarmé, tel un voyageur qui, après avoir marché longtemps sur des routes sèches, aveuglantes de soleil, tout à coup, entre en forêt ? Le changement est si brusque, la vie fraîche sous les arbres ressemble si peu au soleil dur qu'il vient de quitter, que cet homme est saisi par l'étrangeté du monde et qu'il s'abandonne à l'enchantement, subjugué par une loi nouvelle, totale et envahissante, tandis qu'il expérimente, avec tous ses sens altérés, la fraîcheur extraordinaire de la forêt.

Le poème s'accomplit à ce point d'extrême tension de tout l'être créateur, habitant soudain la plénitude de l'instant, dans la joie d'être et de faire. Cet instant présent, lourd de l'expérience accumulée au cours de toute une vie antérieure, est cerné, saisi, projeté hors du temps. Par cet effort mysté-

rieux le poète tend, de toutes ses forces, vers l'absolu, sans rien en lui qui se refuse, se ménage ou se réserve, au risque même de périr.

Mais toute œuvre, si grande soit-elle, ne garde-t-elle pas en son cœur, un manque secret, une poignante imperfection qui est le signe même de la condition humaine dont l'art demeure une des plus hautes manifestations ? Rien de plus émouvant pour moi que ce signe de la terre qui blesse la beauté en plein visage et lui confère sa véritable, sensible grandeur.

L'artiste n'est pas le rival de Dieu. Il ne tente pas de refaire la création. Il demeure attentif à l'appel du don en lui. Et toute sa vie n'est qu'une longue amoureuse attention à la grâce. Il lutte avec l'ange dans la nuit. Il sait le prix du jour et de la lumière. Il apprend, à l'exemple de René Char, que « la lucidité est la blessure la plus rapprochée du soleil ».

Pas plus que l'araignée qui file sa toile et que la plante qui fait ses feuilles et ses fleurs, l'artiste « n'invente ». Il remplit son rôle, et accomplit ce pour quoi il est au monde. Il doit se garder d'intervenir, de crainte de fausser sa vérité intérieure. Et ce n'est pas une mince affaire que de demeurer fidèle à sa plus profonde vérité, si redoutable soit-elle, de lui livrer passage et de lui donner forme. Il serait tellement plus facile et rassurant de la diriger de l'extérieur, afin de lui faire dire ce que l'on voudrait bien entendre. Et c'est à ce moment que la morale intervient dans l'art, avec toute sa rigoureuse exigence.

On a tant discuté de l'art et de la morale que le vrai problème émerge à peine d'un fatras incroyable d'idées préconçues. Selon Valéry, « une fois la rigueur instituée, une certaine beauté est possible ». Mais la même stricte rigueur dans l'honnêteté doit être remise en question à chaque pas.

Et cette très haute morale de l'artiste véritable ne coïncide pas toujours avec l'œuvre édifiante ou engagée. Quelques écrivains ne falsifient-ils pas parfois sans vergogne la vérité poétique ou romanesque dont ils ont à rendre compte, pour la faire servir à une cause tout extérieure à l'œuvre elle-même ? Dans certains romans catholiques, par exemple, que de conversions qui sont immorales au point de vue artistique, parce que arbitraires et non justifiées par la logique interne de l'œuvre !

Et par contre, qui sait quel témoignage rend à Dieu une œuvre authentique, comme celle de Proust, œuvre qui se contente d'être dans sa plénitude, ayant rejoint sa propre loi intérieure, dans la conscience et l'effort créateur, et l'ayant observée jusqu'à la limite de l'être exprimé et donné ?

Toute facilité est un piège. Celui qui se contente de jouer par oreille, n'ira pas très loin dans la connaissance de la musique. Et celui qui écrit des poèmes, comme on brode des mouchoirs, risque fort d'en rester là.

La poésie n'est pas le repos du septième jour. Elle agit au cœur des six premiers jours du monde, dans le tumulte de la terre et de l'eau confondus, dans l'effort de la vie qui cherche sa nourriture et son nom. Elle est soif et faim, pain et vin.

Notre pays est à l'âge des premiers jours du monde. La vie ici est à découvrir et à nommer ; ce visage obscur que nous avons, ce cœur silencieux qui est le nôtre, tous ces paysages d'avant l'homme, qui attendent d'être habités et possédés par nous, et cette parole confuse qui s'ébauche dans la nuit, tout cela appelle le jour et la lumière.

Pourtant, les premières voix de notre poésie s'élèvent déjà parmi nous. Elles nous parlent surtout de malheur et de solitude. Mais Camus n'a-t-il pas dit : « Le vrai désespoir est agonie, tombeau ou abîme, s'il parle, s'il raisonne, s'il écrit surtout, aussitôt le frère nous tend la main, l'arbre est justifié, l'amour né. Une littérature désespérée est une contradiction dans les termes. »

Et moi, je crois à la vertu de la poésie, je crois au salut qui vient de toute parole juste, vécue et exprimée. Je crois à la solitude rompue comme du pain par la poésie.

MYSTÈRE DE LA PAROLE

Dans un pays tranquille nous avons reçu la passion du monde, épée nue sur nos deux mains posée

Notre cœur ignorait le jour lorsque le feu nous fut ainsi remis, et sa lumière creusa l'ombre de nos traits

C'était avant tout faiblesse, la charité était seule devançant la crainte et la pudeur

Elle inventait l'univers dans la justice première et nous avions part à cette vocation dans l'extrême vitalité de notre amour

La vie et la mort en nous reçurent droit d'asile, se regardèrent avec des yeux aveugles, se touchèrent avec des mains précises

Des flèches d'odeur nous atteignirent, nous liant à la terre comme des blessures en des noces excessives

Ô saisons, rivière, aulnes et fougères, feuilles, fleurs, bois mouillé, herbes bleues, tout notre avoir saigne son parfum, bête odorante à notre flanc

Les couleurs et les sons nous visitèrent en masse et par petits groupes foudroyants, tandis que le songe doublait notre enchantement comme l'orage cerne le bleu de l'œil innocent

La joie se mit à crier, jeune accouchée à l'odeur sauvagine sous les joncs. Le printemps délivré fut si beau qu'il nous prit le cœur avec une seule main

Les trois coups de la création du monde sonnèrent à nos oreilles, rendus pareils aux battements de notre sang

En un seul éblouissement l'instant fut. Son éclair nous passa sur la face et nous reçûmes mission du feu et de la brûlure.

Silence, ni ne bouge, ni ne dit, la parole se fonde, soulève notre cœur, saisit le monde en un seul geste d'orage, nous colle à son aurore comme l'écorce à son fruit

Toute la terre vivace, la forêt à notre droite, la ville profonde à notre gauche, en plein centre du verbe, nous avançons à la pointe du monde

Fronts bouclés où croupit le silence en toisons musquées, toutes grimaces, vieilles têtes, joues d'enfants, amours, rides, joies, deuils, créatures, créatures, langues de feu au solstice de la terre

Ô mes frères les plus noirs, toutes fêtes gravées en secret ; poitrines humaines, calebasses musiciennes où s'exaspèrent des voix captives

Que celui qui a reçu fonction de la parole vous prenne en charge comme un cœur ténébreux de surcroît, et n'ait de cesse que soient justifiés les vivants et les morts en un seul chant parmi l'aube et les herbes

NAISSANCE DU PAIN

Comment faire parler le pain, ce vieux trésor tout contenu en sa stricte nécessité, pareil à un arbre d'hiver, bien attaché et dessiné, essentiel et nu, contre la transparence du jour ?

Si je m'enferme avec ce nom éternel sur mon cœur, dans la chambre noire de mon recueillement, et que je presse l'antique vocable de livrer ses mouvantes images.

J'entends battre contre la porte, lâches et soumises, mille bêtes aigres au pelage terne, aux yeux aveugles ; toute une meute servile qui mâchonne des mots comme des herbes depuis les aubes les plus vieilles.

Qu'en ce cœur véhément du poète s'étende donc le clair espace balayé, le long champ de solitude et de dénuement, tandis qu'à l'horizon délivré poindra parmi les âges décelés, comme de plates pierres bleues sous la mer, le goût du pain, du sel et de l'eau, à même la faim millénaire.

Soudain la faim déliée s'agenouille sur la terre, y plante son cœur rond comme un lourd sommeil.

Ô la longue première nuit, la face contre le sol craquelé, épiant le battement du sang donné, tout songe banni, tout mouvement retenu, toute attention gonflée au point le plus haut de l'amour.

Le chaume cru crève la campagne, la vie souterraine laisse percer sa chevelure verte. Le ventre de la terre découvre ses fleurs et ses fruits au grand soleil de midi.

L'azur poudroie comme une poussière d'eau ; nos mains peintes au ras du champ deviennent pareilles à de grands pavots clairs.

Toute forme et couleur provoquées montent de la terre telle une respiration visible et rythmée.

Le champ palpite et moutonne, toison blanchissante sous l'éclat strident de l'été aux cigales acides.

Les meules grenues et poreuses ont l'ardeur sourde des grands miroirs opaques et condamnés.

Il n'est que de servir dans l'ombre, d'être pesantes et ténébreuses, mauvaises, dures et grinçantes, pour briser le cœur de la moisson, de le réduire en poussière comme une averse sèche et étouffante.

D'étranges coquillages aigus et chantants, vives fleurs d'eau que le soleil marin cristallise et foudroie s'ouvrent à l'instant pour nous en des formes profondes et travaillées.

Nous y lisserons la pâte laiteuse, plate et molle, toute l'œuvre couchée, étale et roulée à qui le souffle manque encore et qui dort comme un étang.

Si d'aventure le vent se levait, si de ferveur notre âme se donnait toute, avec sa nuit chargée de racines et trouée par le jour ?

Il y viendrait par surcroît cette âpre mesure de notre plus vieille mort, macérée comme les feuilles d'octobre aux senteurs fauves, en guise de levain.

Parmi la fumée des chairs brûlées, sur la pierre noircie, parmi les festins sauvages renversés, voici que s'allume dans la nuit primitive une pure veilleuse et que commence cette lente maturité de la croûte et de la mie, tandis que la Patience s'assoit sur la margelle du feu.

Et nul n'a accès à son silence jusqu'au matin.

Sous la cendre qui se défait comme un lit, voici la miche et le chanteau rebondis, la profonde chaleur animale et ce cœur impalpable, bien au centre, comme un oiseau captif.

Ah nous sommes vivants, et le jour recommence à l'horizon ! Dieu peut naître à son tour, enfant blême, au bord des saisons mis en croix ; notre œuvre est déjà levée, colorée et poignante d'odeur !

Nous lui offrons du pain pour sa faim.

Et nous allons dormir, créatures lourdes, marquées de fête et d'ivresse que l'aube surprend, tout debout en travers du monde.

ALCHIMIE DU JOUR

Qu'aucune servante ne te serve en ce jour où tu lias ta peine sauvage, bête de sang aux branches basses du noir sapin,

Ne le dites pas aux filles de feux roux, ne prévenez pas les filles aux cœurs violets ;

Elles paraîtraient toutes les sept en ta chambre portant les pitiés bleues en des amphores tranquilles hissées sur leurs cheveux,

Elles glisseraient la longue file de leurs ombres mauves pareilles à l'envers des flammes marines en une calme frise processionnelle aux quatre vents de tes murs.

Ne prévenez pas les filles aux pieds de feutre vert découpés à même d'antiques tapis réservés au déroulement lent des douleurs sacrées, pré doux au soleil tondu, aux herbes silencieuses et drues sans l'espace vif du cri,

Ni l'obscure et forte vibration de l'amour souterrain semblable à la passion excessive de la mer en l'origine de son chant appareillant.

La première fille alertée joindrait ses sœurs, une à une, et leur parlerait bas de l'amour blessé amarré aux feuillages de tes veines ouvertes,

La plus sombre des sœurs désignées te porterait des baumes nouvellement fleuris sur des cœurs amers, très vieux celliers désaffectés, plate-bande des remèdes et des conseils nocturnes,

Tandis que la plus lente d'entre elles referait son visage de larmes brûlées comme une belle pierre mise à jour sous des fouilles patientes et pures,

La voici qui délègue vers toi une fille de sel portant des paniers fins pour ses moissons claires. Elle soupèse en chemin le poids de tes pleurs cueillis à la pointe de l'ongle comme la rosée sur le jardin qui s'affale,

Vois, celle qui a nom Véronique plie de grandes toiles pures et rêve d'un visage à saisir en sa grimace à même des voiles déroulées comme de clairs miroirs d'eau,

Se hâte la fille-fièvre parée d'épines cuivrées, maintenant que la nuit, en sa haute taille levée, bouge ses paumes mûres comme de noirs tournesols,

Sur tes paupières bientôt elle posera ses mains étroitement comme des huîtres vives où la mort médite, des siècles de songe sans faille, la blanche floraison d'une perle dure.

Ô toi qui trembles dans le vent, ayant hissé la beauté de ton visage au mât des quatre saisons,

Toi qui grinces de sable, ointe par des huiles pures, nue, en des miracles certains de couleur agile et d'eau puissante,

Redoute l'avènement silencieux des compassions crayeuses aux faces d'argiles brouillées ;

Pose le vert contre le bleu, usant d'un vif pouvoir, ne crains pas l'ocre sur le pourpre, laisse débonder le verbe se liant au monde telle la flèche à son arc,

Laisse le don alerté mûrir son étrange alchimie en des équipages fougueux,

Profère des choses sauvages dans le soleil, nomme toute chose face au tumulte des grands morts friables et irrités.

Les murs aux tessons bleus crèvent comme des cercles d'eau sur la mer,

Et le point du cœur dessine sa propre souple ceinture,

Le jour, pour la seconde fois convoqué, monte en parole comme un large pavot éclatant sur sa tige.

SURVIENNE LA ROSE DES VENTS

Lorsque le cœur s'épuise et ne trouve plus sa propre parole en route vers quelque terre étrangère

Lorsque la main de l'amante ne sonne plus et s'altère, monnaie perdue n'ayant plus cours ni pouvoir entre les mains de l'amant

Lorsque les pas n'inventent plus guère aucun chemin sur les grèves sèches aux pistes brûlées

Lorsque le corps aveugle sombre sous l'absence comme une source se retire quêtant sa voix souterraine

Lorsque l'ombre des querelles prochaines se profile sur le mur en des aiguilles folles

Lorsque les doigts sans fièvre errent aux beaux versants du désir

Lorsque l'amour perd son fil sous des rouilles acides et que la saison des pluies ouvre ses veines sur la maison

Survienne la rose des vents sur le seuil de la porte, grande fougère aux crosses rouges, dame et servante aux jupes fraîches

Que le vent soit pressenti tel un prophète véhément, que l'on respire au centre du cœur, rose pourpre, rose marine, rose amère, l'appel du monde au goût de varech

Engaine ton couteau, et toi, ramasse tes robes de toile comme des paquets de voiles : chaque solitude gréée, larguez sur la mer qui flamboie, un sacrement de sel à son flanc ouvert.

JE SUIS LA TERRE ET L'EAU

Je suis la terre et l'eau, tu ne me passeras pas à gué, mon ami, mon ami

Je suis le puits et la soif, tu ne me traverseras pas sans péril, mon ami, mon ami

Midi est fait pour crever sur la mer, soleil étale, parole fondue, tu étais si clair, mon ami, mon ami

Tu ne me quitteras pas essuyant l'ombre sur ta face comme un vent fugace, mon ami, mon ami

Le malheur et l'espérance sous mon toit brûlent, durement noués, apprends ces vieilles noces étranges, mon ami, mon ami

Tu fuis les présages et presses le chiffre pur à même tes mains ouvertes, mon ami, mon ami

Tu parles à haute et intelligible voix, je ne sais quel écho sourd traîne derrière toi, entends, entends mes veines noires qui chantent dans la nuit, mon ami, mon ami

Je suis sans nom ni visage certain ; lieu d'accueil et chambre d'ombre, piste de songe et lieu d'origine, mon ami, mon ami

Ah quelle saison d'âcres feuilles rousses m'a donnée Dieu pour t'y coucher, mon ami, mon ami

Un grand cheval noir court sur les grèves, j'entends son pas sous la terre, son sabot frappe la source de mon sang à la fine jointure de la mort

Ah quel automne ! Qui donc m'a prise parmi des cheminements de fougères souterraines, confondue à l'odeur du bois mouillé, mon ami, mon ami

Parmi les âges brouillés, naissances et morts, toutes mémoires, couleurs rompues, reçois le cœur obscur de la terre, toute la nuit entre tes mains livrée et donnée, mon ami, mon ami

Il a suffi d'un seul matin pour que mon visage fleurisse, reconnais ta propre grande ténèbre visitée, tout le mystère lié entre tes mains claires, mon amour.

NEIGE

La neige nous met en rêve sur de vastes plaines, sans traces ni couleur

Veille mon cœur, la neige nous met en selle sur des coursiers d'écume

Sonne l'enfance couronnée, la neige nous sacre en haute mer, plein songe, toutes voiles dehors

La neige nous met en magie, blancheur étale, plumes gonflées où perce l'œil rouge de cet oiseau

Mon cœur ; trait de feu sous des palmes de gel file le sang qui s'émerveille.

SAISON AVEUGLE

Longtemps nous avons gardé des jours anciens en liberté dans les chambres du fond

Les avons lâchés dans toute la maison, livrés au temps et remis en marche comme des songes

Se sont promenés de chambre en chambre, toute figure reprise à mesure au fil des miroirs

Se sont usés, se sont fanés de la salle au vestibule où surgit l'éclat jaune du matin par la porte ouverte

Vint l'été criblé de balles, l'image mère s'est couchée pour mourir

Virent les souvenirs au point violet des places trop bleues et s'épluchent nos cœurs comme des noix

Pour une plus pure amande verte, nos mains nues, ô saison aveugle.

PRINTEMPS SUR LA VILLE

Le jour charrie des neiges déchues, salies, moisies, ruinées

Le gel s'ouvre les veines, et le cœur de la terre se dégage parmi les sources bousculées

L'hiver chavire et se déchire comme une mauvaise écaille, le monde est nu sous des lichens amers

Sous des masses de boue, vieille saison, vieux papiers, vieux mégots, vieux morts coulent au ruisseau

Le jour sans peine touche mille villes ouvertes, chaque rue une rivière, chaque lit une fontaine,

Le songe a perdu son enseigne, douce mousse, douce plaie verte lavée au fil de l'eau

La chimère est retirée violemment de la poitrine du fou, d'un seul coup avec son cœur sans racines

L'homme à la mer, le mot de passe dans une bouteille le poème sera roulé pendant l'éternité

L'étrange séjour du feu en d'obscurs lieux humides, vases sacrés, rythme du monde

Celui qui est sans naissance ne s'est pas retourné dans son sommeil, le courant le traîne par les cheveux, en une algue le changera

Le sacrifice sur les pierres marines fume son haleine forte. Le sang des morts se mêle au sel, jonche la mer comme des brassées de glaïeuls

Voici que la saison des eaux se retire ; la ville se sèche comme une grève, lèche ses malheurs au goût d'iode

Le printemps brûle le long des façades grises, et les lèpres de pierre au soleil ont l'éclat splendide des dieux pelés et victorieux.

LA SAGESSE M'A ROMPU LES BRAS

La sagesse m'a rompu les bras, brisé les os
C'était une très vieille femme envieuse
Pleine d'onction, de fiel et d'eau verte

Elle m'a jeté ses douceurs à la face
Désirant effacer mes traits comme une image mouillée
Lissant ma colère comme une chevelure noyée

Et moi j'ai crié sous l'insulte fade
Et j'ai réclamé le fer et le feu de mon héritage.

Voulant y faire pousser son âme bénie comme une vigne
Elle avait taillé sa place entre mes côtes.
Longtemps son parfum m'empoisonna des pieds à la tête

Mais l'orage mûrissait sous mes aisselles,
Musc et feuilles brûlées,
J'ai arraché la sagesse de ma poitrine,
Je l'ai mangée par les racines,
Trouvée amère et crachée comme un noyau pourri

J'ai rappelé l'ami le plus cruel, la ville l'ayant chassé,
        les mains pleines de pierres.
Je me suis mise avec lui pour mourir sur des grèves mûres
Ô mon amour, fourbis l'éclair de ton cœur, nous nous
        battrons jusqu'à l'aube

La violence nous dresse en de très hautes futaies
Nos richesses sont profondes et noires pareilles au
      contenu des mines que l'éclair foudroie.

En route, voici le jour, fièvre en plein cœur scellée
Des chants de coqs trouent la nuit comme des lueurs
Le soleil appareille à peine, déjà sûr de son plein midi,
Tout feu, toutes flèches, tout désir au plus vif de la lumière,
Envers, endroit, amour et haine, toute la vie en un
      seul honneur.

Des chemins durs s'ouvrent à perte de vue sans ombrage
Et la ville blanche derrière nous lave son seuil où
      coucha la nuit.

LA VILLE TUÉE

Le sel et l'huile purifièrent également la ville, l'eau n'étant point sûre et le recours à Dieu périmé

On étancha le marais, l'oiseau de proie fut capturé, toutes ailes déployées, le plus doux d'entre nous assura qu'il le ferait dormir en croix sur la porte

La veille déjà, toute larme, mal, peur, songe ou pitié avaient été chassés

L'horreur de la mort nous guidant, certaines images jugées maléfiques sur-le-champ furent interdites

La main droite de chacun fut posée à plat sur le ciel afin de vérifier chaque jointure et la précision des os dans la lumière

Un instant on songea à l'éclat du feu pour éprouver quelques visages trop fins, la crainte de l'incendie dans la chevelure du bourreau empêcha seule ce sacrifice.

Les enfants furent endormis de force sans bruit. On érigea le dogme et la morale, et la première saison s'allongea sans passion

Un vent lourd s'abattit sur toutes choses. C'était le jugement au comble de lui-même croissant sur nous, régnant à perte de vue

Les souvenirs furent passés au crible, tout amour impitoyablement saisi avec toute mémoire rêveuse ou insolente

Longtemps la douleur et la mort semblèrent subjuguées. Cela fit un beau pays sec pour s'étendre et faire le guet

Bientôt l'ennui fleurit par petites places vertes et risque de devenir plaie et gangrène

La plus jeune, affichant son deuil, hissa l'angoisse aux yeux de tous, sur le plus haut mur qui regarde la terre

Le désir de l'eau devint si amer que les larmes furent invoquées comme un bien

La fille cria qu'elle n'avait ni cœur ni visage et qu'on l'avait trahie dès l'origine

Hors les murs chassée, tardant à fleurir, abrupte comme la soif sur son aire, elle se retourna

Derrière elle la ville s'effritait, pierres, sable, cendres, fleurs de pavots, cœurs vermeils dans le vent

L'effroi dans ses veines, la pitié entre ses mains, la fille éprouva d'un coup le malheur du monde en sa chair

Et découvrit son propre tendre visage éclatant parmi les larmes.

DE GRANDES VERTUS BRUTES

De grandes vertus brutes dormaient en fûts couchées

Nous les avions mises à mûrir au commencement de notre don

Longues jarres ténébreuses aux parfums scellés

Nous les avions mises à croître dans cet abîme marin où rêva
la dure beauté d'un cheval d'ocre et de colère

Longtemps les avons gardées en état de haute naissance,
flammes inlassablement remises au cœur du feu

Le mouvement de leurs songes asymétriques nous enchanta
durant mille veilles extrêmes

Notre cœur à cause de cela assura son étrange pouvoir
nocturne.

ANNONCIATION

Un vol d'oiseaux se déployant accroche l'éclair de Dieu sur des ailes métalliques

Parmi les mouettes grinçantes se plaint l'Esprit avec une voix déchirante

Des anges bardés de fer se sont mis en route pour l'Annonciation

Dans la nuit la Vierge brûle comme une lampe allumée

Mille éphémères tournent autour, fascinés, meurent et tombent en pluie de suie

Tandis que le Paraclet essuie sa face de guerrier roussi sous le feu de la promesse.

TROP À L'ÉTROIT

Trop à l'étroit dans le malheur, l'ayant crevé comme une vieille peau

Vieille tunique craque aux coutures, se déchire et se fend de bas en haut

L'ayant habité à sueur et à sang, vétuste caverne où s'ébrèche l'ombre du soleil

Ayant épuisé de tristes amours, la vie en rond, le cœur sans levain

Nous sommes réveillés un matin, nus et seuls sur la pierre de feu

Et la beauté du jour nous trouva sans défense, si vulnérables et doux de larmes

Qu'aussitôt elle nous coucha en joue comme des fusillés tranquilles.

ÈVE

Reine et maîtresse certaine crucifiée aux portes de la ville la plus lointaine

Effraie rousse aux ailes clouées, toute jointure disjointe, toute envergure fixée

Chair acide des pommes vertes, beau verger juteux, te voici dévastée claquant dans le vent comme un drapeau crevé

Fin nez de rapace, bec de corne, nous nous en ferons des amulettes aux jours de peste

Contre la mort, contre la rage, nous te porterons scapulaires de plumes et d'os broyés

Femme couchée, grande fourmilière sous le mélèze, terre antique criblée d'amants

Nous t'invoquons, ventre premier, fin visage d'aube passant entre les côtes de l'homme la dure barrière du jour

Vois tes fils et tes époux pourrissent pêle-mêle entre tes cuisses, sous une seule malédiction

Mère du Christ souviens-toi des filles dernières-nées, de celles qui sont sans nom ni histoire, tout de suite fracassées entre deux très grandes pierres

Source des larmes et du cri, de quelles parures vives nous léguas-tu la charge et l'honneur. L'angoisse et l'amour, le deuil et la joie se célèbrent à fêtes égales, en pleine face gravées, comme des paysages profonds

Mère aveugle, explique-nous la naissance et la mort et tout le voyage hardi entre deux barbares ténèbres, pôles du monde, axes du jour

Dis-nous le maléfice et l'envoûtement de l'arbre, raconte-nous le jardin, Dieu clair et nu et le péché farouchement désiré comme l'ombre en plein midi

Dis-nous l'amour sans défaut et le premier homme défait entre tes bras

Souviens-toi du cœur initial sous le sacre du matin, et renouvelle notre visage comme un destin pacifié

La guerre déploie ses chemins d'épouvante, l'horreur et la mort se tiennent la main, liés par des secrets identiques, les quatre éléments bardés d'orage se lèvent pareils à des dieux sauvages offensés

La douceur sous le fer est brûlée jusqu'à l'os, son cri transperce l'innocent et le coupable sur une seule lame embrochés

Vois-nous, reconnais-nous, fixe sur nous ton regard sans prunelle, considère l'aventure de nos mains filant le mystère à la veillée comme une laine rude

L'enfant à notre sein roucoule, l'homme sent le pain brûlé, et le milieu du jour se referme sur nous comme une eau sans couture

Ève, Ève, nous t'appelons du fond de cette paix soudaine comme si nous nous tenions sans peine sur l'appui de notre cœur justifié

Que ta mémoire se brise au soleil, et, au risque de réveiller le crime endormi, retrouve l'ombre de la grâce sur ta face comme un rayon noir.

DES DIEUX CAPTIFS

Des dieux captifs ayant mis en doute le bien-fondé de nos
visions

Nous prédisant la fin du monde depuis l'apogée des mûres
saisons

Nous décidâmes par des chemins de haut mystère de les
mener au bord de l'horizon

Le ciel, le feu, la terre et l'eau ayant macéré ensemble durant
des noces millénaires

Il n'en subsistait qu'une mince ligne bleue difficile à saisir
sans éblouissement

Comme si toute la vie eût été cachée sous l'eau de pluie,
contre le soleil à midi

Notre désir d'appréhender la source du monde en son visage
brouillé

Depuis longtemps nous ravageait l'âme pareil à des brûlures
hautes dans un ciel barbare

Le bleu s'étant accumulé en ce lieu, par instants il tournait au
vert et déjà le violet éclatait de-ci de-là, liquide et fort

Si près, si près de ce cœur défait nous respirâmes la grande libre couleur exaltante et cruelle, absolu de l'air marin avant qu'il n'éclate en trombe

Dans un coin la nudité des morts parés de blessures profondes luisait, rendue belle par le seul éclatement de leurs songes

Tout semblait définitif, calme prairie marine. Mais tant de sœurs vives au large rayonnaient pareilles à des bancs de capucines

Que s'éveillèrent les dieux amers qu'on traînait avec soi, cavalcade souterraine, sabots de justice, envoûtement, tournent nos cœurs entre nos doigts, manèges, fleurs écarlates convoitées

Un seul bouquet de mûres a suffi pour teindre la face des dieux, masque de sang ; voici nos sœurs désirées comme la couleur-mère du monde

La vie est remise en marche, l'eau se rompt comme du pain, roulent les flots, s'enluminent les morts et les augures, la marée se fend à l'horizon, se brise la distance entre nos sœurs et l'aurore debout sur son glaive.

Incarnation, nos dieux tremblent avec nous ! La terre se fonde à nouveau, voici l'image habitable comme une ville et l'honneur du poète lui faisant face, sans aucune magie : dure passion.

LE JOUR N'A D'ÉGAL QUE LA NUIT
(1992)

ÉCRIRE UN POÈME

Écrire un poème c'est tenter de faire venir au grand jour quelque chose qui est caché. Un peu comme une source souterraine qu'il s'agirait d'appréhender dans le silence de la terre. Le poète est une sorte de sourcier, sans baguette de coudrier, ni aucune baguette magique, qui se contente d'être attentif (à la pointe extrême de l'attention), au cheminement le plus lointain d'une source vive. La moindre distraction de sa part suffirait pour que disparaisse et se cache ailleurs ce souffle d'eau dans le noir, cette petite voix impérieuse qui cogne contre son cœur et qui demande la parole.

La ferveur ne suffit pas, il faut la patience quotidienne de celui qui attend et qui cherche, et le silence et l'espoir, sans cesse ranimés, au bord du désespoir, afin que la parole surgisse, intacte et fraîche, juste et vigoureuse. Et alors vient la joie.

Le poète est au monde deux fois plutôt qu'une. Une première fois il s'incarne fortement dans le monde, adhérant au monde le plus étroitement possible, par tous les pores de sa peau vivante. Une seconde fois il dit le monde qui est autour de lui et en lui et c'est une seconde vie aussi intense que la première.

L'imaginaire est fait du noyau même de notre être avec tout ce que la vie, au cours des années, a amassé de joies et de peines, d'amour et de colère, tandis que la terre qui nous entoure fait pression, dans sa puissance énorme, et s'engouffre et il y a passage du dehors au dedans et du dedans au dehors, échange et jubilation. Le poète saisit sa propre vie à deux mains, au moment même où l'univers sauvage bascule en lui. La parole, empoignée de toutes parts, est dite, surprenante et de naissance inconnue, pourrait-on croire, tant l'événement nous dépasse et nous enchante.

POÈMES ANCIENS
(1961-1980)

TERRE ORIGINELLE

Pays reçu au plus creux du sommeil
L'arbre amer croît sur nous
Son ombre au plus haut de l'éveil
Son silence au cœur de la parole
Son nom à graver sur champ de neige
Et toi, du point du jour ramené,
Laisse ce songe ancien aux rives du vieux monde
Pense à notre amour, l'honneur en est suffisant
L'âge brut, la face innocente et l'œil grand ouvert
L'eau douce n'est plus de saison
La femme est salée comme l'algue
Mon âme a goût de mer et d'orange verte
Forêts alertées rivières dénouées
      chantent les eaux-mères de ce temps
Tout un continent sous un orage de vent
En route, bel amour, le monde se fonde comme une
                      ville de toile
S'accomplisse la farouche ressemblance du cœur
Avec sa terre originelle.

ET LE JOUR FUT

Pain, vin, fruits, amour, terre, saisis aux douanes étrangères,

Tous debout, les bras contre le corps, en flagrant délit
d'attention

Et la tendresse du jour autour de nous comme une eau bleue.

Que chacun réclame son dû, vieille échéance, âme et noyau
des fureurs et du cri,

L'instant présent rayonne, douceur, fleur et pulpe, toute la
terre, bel anneau calme, gravite autour du cœur justicier.

Main mise sur la ville entière, regards aux poings comme des
torches,

Connaissance sur les places ouvertes, l'arbre de la parole fait
de l'ombre sur le silence brûlé de colère.

Qui dit son ressentiment éprouve son cœur au côté comme
une arme fraîche,

Qui nomme le feu, le voit en face qui bouge, tout en fleurs,
comme un buisson de vie

Le jardin sera très grand, sous de hautes maîtrises d'eaux et de
forêts, bien en terre, bien en souffle, et toutes feuilles
lisibles dans le vent,

Qui dit vent, qui dit rivière, voit la terre qui s'agenouille,

Qui dénonce les méfaits des ancêtres et l'angoisse cultivée
aux fenêtres des femmes, pareille à une oseille pourpre,

Retrouve la force de ses bras et l'allégeance de sa joie entre
ses doigts pacifiés,

Qui prononce clairement le mot magie et lave à grande eau les
pierres sacrées, délie le bouc et l'agneau, condamne la fleur
du sacrifice au flanc du prêtre et des esclaves.

Tout sortilège dissipé, l'effort dur pour la vérité dans sa terre
originelle,

Notre droit devant nous à débarbouiller telle une monnaie
enfouie sous la peur,

Nos paumes arrachant la malédiction comme un masque pourri,

Nos yeux, nos mains, nos lèvres se reconnaissant, l'homme et
la femme inextricables sous le désir, broussaille d'épines et
de lait, l'amour vendangé en plein midi,

L'enfant crie dans nos veines. Et pour son entrée dans le
monde nous lui offrirons la démarche souveraine de celle
qui goûte l'aube dans ses deux mains, pour y faire boire le
fils de l'homme.

PLUIE

Pluie sur la ville qui s'ébroue, ses chevaux de pierre aux
    fontaines, sabots, crinières, beaux griffons, fument les rues
    mouillées, roulent les quais rouillés,

Toi, ta force et ton sommeil, ton rêve sous ta paupière fermée,
    amande noire au cœur de la nuit, ton bras sur mes reins,
    comme une ceinture,

Pluie sur la vitre, faufils, aiguilles liquides ; de grands métiers
    tremblent, lissent ton sort et le mien, tisserands aveugles,
    rivières, fleuves, la nuit, navette et fuseaux, se dévide,
    forêts de feuilles fraîches secouées,

Toi, ton rire, ton œil d'oiseau, ton visage qui luit ; l'amour
    s'étend sur moi,

Pluie, au loin l'éclat jaune des platanes, fougères aux troncs
    noirs, places peuplées de colères brèves, fourmilières brutes
    où la sagesse noue et dénoue un mince fil secret,

Toi et moi, île dans la ville, sous la pluie, mis au monde,
    mêlés ensemble comme la terre et l'eau avant le partage,

Pluie sur la vitre. Si j'abandonne ton corps couché et pars en
    songe aussi, soulève des arches de pluie, quitte la chaleur
    du lit, goûte le sel des eaux marines à l'horizon roulées,
    toute la terre accessible, pareille à un tapis,

Toi, ta parole et ton silence, ta vie et ta beauté, ton amour me ramènent inlassablement, tel un rosier sauvage qu'on allume dans la nuit, sous la pluie.

AMOUR

Toi, chair de ma chair, matin, midi, nuit, toutes mes heures et mes saisons ensemble,

Toi, sang de mon sang, toutes mes fontaines, la mer et mes larmes jaillissantes,

Toi, les colonnes de ma maison, mes os, l'arbre de ma vie, le mât de mes voiles et tout le voyage au plus profond de moi,

Toi, nerf de mes nerfs, mes plus beaux bouquets de joie, toutes couleurs éclatées,

Toi, souffle de mon souffle, vents et tempêtes, le grand air de ce monde me soulève comme une ville de toile,

Toi, cœur de mes yeux, le plus large regard, la plus riche moisson de villes et d'espaces, du bout de l'horizon ramenés.

Toi, le goût du monde, toi, l'odeur des chemins mouillés, ciels et marées sur le sable confondus,

Toi, corps de mon corps, ma terre, toutes mes forêts, l'univers chavire entre mes bras,

Toi, la vigne et le fruit, toi, le vin et l'eau, le pain et la table, communion et connaissance aux portes de la mort,

Toi, ma vie, ma vie qui se desserre, fuit d'un pas léger sur la ligne de l'aube, toi, l'instant et mes bras dénoués,

Toi, le mystère repris, toi, mon doux visage étranger, et le cœur qui se lamente dans mes veines comme une blessure.

FIN DU MONDE

Je suis le cri et la blessure, je suis la femme à ton flanc qu'on outrage et qu'on viole.

L'Apocalypse t'enchaîne à son char, l'horreur te lie les mains, amour, amour qui t'a crevé les yeux ?

Mon cœur de paix violente, je te l'avais donné, plus nu que mon corps,

J'ai des caresses ruisselantes, la mort et les larmes sont mes parures,

Mon âme, sous un feu si noir, sèche comme le sel, et ta soif s'y pose, bel oiseau fou.

Amour, amour ; ni pain, ni jour, la terre flambe, l'éclair s'étend entre nous, malédiction !

Le feu lâché, bête infinie, l'âge de la terre se rompt par le milieu,

Tout l'horizon, bel anneau bleu, d'un seul coup, se raye à jamais, ceinture de roc tordue. Passé, avenir abolis, règne le présent, vaste empire des furies ; l'agonie du monde se fonde, démence au poing.

Au centre de la femme germent l'ange-poisson, la licorne aveugle et mille fougères bistre, pour fleurir de vastes plaines sans air, ni eau, absence aux crosses brûlées,

Toute enfance annulée, notre fils, comme du sable, file entre nos doigts,

Souviens-toi. Encore un peu, souviens-toi ; nos mains jointes ensemble. Souviens-toi ! L'injustice roule un flot de boue. Tendre mémoire craque à nos tempes.

Tes yeux, tes yeux sur moi, le ciel se déchire de haut en bas, l'effroi dessine un tableau vide,

La fièvre court en ce désert, tremble la terre, vieille échine broyée.

Tes mains, tes mains sur mon cœur, encore un peu de temps, un peu de temps, folle prière,

Le sang dans tes veines fait des bonds terribles, se change en monstre, toute fureur moquée, entends ce rire énorme secouer mille forêts abattues,

Ta bouche sur la mienne, viennent la poussière et la cendre ; amour, amour perdu.

Haine et guerre, souviens-toi, souviens-toi, amour blessé, quelle longue jarre fraîche à ton flanc renversée, c'était l'été.

Grondent les hivers noirs amassés ; ta force, ta force, ami, qui t'a désarmé, te prenant le cœur comme une fronde ?

Et toi et moi, et moi et toi, et toi avec moi ! Vivre ! Nous sortirons de ce puits, la mort n'a pas si grand visage qu'elle barre l'entrée à jamais.

Le silence pousse dans ma bouche comme une herbe. Tous les mots, un jour, me furent livrés. Ne trouve que ce cri.

Maison pillée. Cœur ouvert. Dernière saison. Plus que ce cri en plein ventre. Fontaine de sang. Cri. Qui te rappelle en vain, amour, amour tué.

Note: Ce poème a été écrit à la demande de Frank Scott, en 1962, au moment de l'affaire des missiles à Cuba.

NOËL

Noël, vieille rosace encrassée par les siècles, tant de patines charbonneuses au tympan des cathédrales, masques et chimères au front des hommes, miel et tilleul au cœur des femmes, guirlandes magiques aux mains des enfants,

Vétuste tableau noir où crisse la craie des dictées millénaires, passons l'éponge, vieil écolier, regarde le revers de ta manche, la suie du monde y laisse des lichens d'ébène,

Femme, essuie tes larmes, la promesse, depuis le point du jour, claironne la joie, que ton œil voie sans mentir les beaux vaisseaux en rade, cargaisons amères, crève en mer le cœur gonflé de rêve.

Voix d'ange à l'oreille du berger sommeillant : « Paix aux hommes de bonne volonté », mot de passe repris en chœur par de grandes guerres, battant le ventre du monde, l'une appelant l'autre, pareilles aux marées d'équinoxe déferlant sur le sable,

Roulement de blessés, vingt siècles en marche, germent les morts aux champs d'honneur, graines folles au hasard des printemps hâtifs ; les visages de l'amour se perdent à mesure, clignent entre nos mains, feux minuscules, brassées de coquelicots froissés,

Ceux qu'on aime, ceux qu'on hait, tressés ensemble, doux chapelets, beaux oignons sauvages aux greniers pleins de vent, mémoires ouvertes, vastes salles tendues pour le retour d'un seul pas dans l'escalier,

Tant d'innocents entre deux gendarmes, le crime au front, gravé avec application par un scribe, par un notaire, par un juge, par un prêtre, par toute sagesse prostituée, tout pouvoir usurpé, toute haine légalisée,

Qui se plaint de mourir tout seul ? Quel enfant vient au monde ? Quelle grand-mère, à moitié couverte par la mort, lui souffle à l'oreille que l'âme est immortelle ?

Qui cherche à tâtons la face obscure de la connaissance, tandis que monte le jour et que le cœur n'a que la tendresse des larmes pour tout recours ?

Cœur. Tendresse. Larmes. Qui lave des mots dans la rivière, à grande eau, les plus perdus, les plus galvaudés, les plus traînés, les plus trahis ?

Qui face à l'injustice offre son visage ruisselant, qui nomme la joie à droite et le malheur à gauche, qui recommence le matin comme une nativité ?

Noël. Amour. Paix. Quel chercheur d'or, dans le courant, rince le sable et les cailloux ? Pour un seul mot qui s'écale comme une noix, surgit l'éclat du Verbe en sa naissance.

VILLES EN MARCHE

Villes en marche sur l'eau, places de sel, nénuphars de pierre,

Îles dévalant les pentes de mer, vent debout, soleil en proue,

Bouquets amers au faîte des vagues, lumière géranium aux
crêtes des coqs verts rangés,

Flux et reflux, remue-ménage de soleil, retombées soudaines
de manteaux saumâtres, nuit, pleine nuit,

Cortège de haute mer revenu, le port comme une étoile, lit
ouvert crissant le goémon et le zeste,

Barques amarrées, balancées, jour en fête, cœur hissé sur la
mer parmi les algues,

Paumes ouvertes, d'étranges ibis très bleus vont y boire en
silence,

Toute la douceur respire largement alentour. La terre entière
s'est apprivoisée.

LES OFFENSÉS

Par ordre de famine les indigents furent alignés
Par ordre de colère les séditieux furent examinés
Par ordre de bonne conscience les maîtres furent jugés
Par ordre d'offense les humiliés furent questionnés
Par ordre de blessure les crucifiés furent considérés.
En cette misère extrême les muets venaient en tête
Tout un peuple de muets se tenait sur les barricades
Leur désir de parole était si urgent
Que le Verbe vint à leur rencontre de par les rues
Le faix dont on le chargea fut si lourd
Que le cri « feu » lui éclata du cœur
En guise de parole.

COURONNE DE FÉLICITÉ

La mort en louve morte changée
Cadavre pierreux à l'horizon brûlé

Le rêve petites fumées de village
Fument cent maisons dos à dos

Les dormeurs nagent dans une nuit sans étage
Fleurant l'algue et la mer

Ton visage lumière
Éveil
La vie d'un trait
L'amour d'un souffle

Le jour recommence
La nuit passe la ligne des eaux
L'aube toutes ailes déployées
Illumine la terre

La joie à bout de bras
Le poème au sommet de la tête hissé
Couronne de félicité.

LE PIANO

Il a suffi d'une note légère
D'un seul doigt frappée
Par un esclave tranquille

Une seule note un instant tenue
Pour que la clameur sourde des outrages
Enfouis au creux des veines noires
Monte et se décharge dans l'air immobile

Le maître ne sachant que faire
Devant ce tumulte
Ordonne qu'on ferme le piano
À jamais.

LA PAGE BLANCHE

La page blanche
Devant moi
N'espère que toi
Sur la feuille nue

Lisse neigeuse à perte de vue
Belle page étale
Ne vient que la finesse de tes os
Subtile apparition

Grand squelette debout
En filigrane gravé
Au bout de mes doigts
Sur la transparence du jour.

LA SŒUR DE CHARITÉ

La sœur de charité est bonne
Mange l'ombre du couteau sur le mur

La sœur de charité est robuste
À trois reprises plonge l'arme entre tes côtes

La sœur de charité est aveugle
Ignore à jamais l'effroi de tes prunelles salées.

POUR UN PHÉNIX

Cendres soufflées
Reforme tes ailes
Plume à plume

Reparais face au soleil
L'œil grand ouvert

Fixe à nouveau
L'astre du jour

L'éternité se retourne
Sur sa couche de feuilles mortes

DESSIN D'ENFANT

Le soleil mis à gauche dans le ciel
Comme un père mort jeté par-dessus l'épaule
La fille de feu plie les linges de la nuit
Lave toutes ténèbres et commence le jour
Sans plus de larmes qu'un droit pilier de sel.

RENCONTRE

L'homme qui marche dans la nuit
Brille à travers ses larmes
Comme un feu sourd dans le brouillard
Halo du prisme autour de ses épaules
L'ombre portée de son cœur à ses pieds.

SOMMEIL

Un bol d'air noir
Bu les yeux fermés
Ta tête lourde
Sur mon épaule
La nuit se referme
Comme l'eau.

PARMI LES AULNES

Une blanche statue
Parmi les aulnes
Simule à s'y méprendre
Ta forme pure

En dépit des génies contraires
Dure
Autant que le jour.

LE JOUR N'A D'ÉGAL
QUE LA NUIT

Mon amour se lave de la nuit
Son âme franchit des bruines fines
Émerge de l'aube
Se montre de face
Et de profil
Cherche mon corps léger
Sous les draps
Pour n'aimer que moi.

LES TOURNESOLS

Graines de volcans
Germent les soleils
Mis en rang
Beaux tournesols amers

La pluie maternelle
Intervint à temps
Chaude et grasse
En noya quelques-uns.

LE PAIN

Derrière la grille le pain
Cuit doucement
De l'autre côté la faim
S'agenouille
Seule l'odeur franchit l'espace
Désir.

LE CRI

Le cri filé d'un trait
Tendu droit
D'une seule volée
À la pointe du cœur.

CHER AMOUR

Flamme vacillante
Rabattue par le vent
Ferme les yeux
Cligne et meurt
Tandis que la suie
Redessine tes traits absents
Fait de toi un paysage noir
De la pointe des orteils
À la racine des cheveux
Sombre paradis.

PARRICIDE

Dieu qu'on saisit par les ailes
En pleine activité
Haut vol
Création du monde
N'a pas livré son secret

Au piège de nos doigts
Papillon mystique
Ne reste que poussière d'or
Que le vent disperse au loin.

OISEAU DE GIVRE

Ne cherche plus ton visage égaré
Dans des villes étrangères
Ne reste plus que larmes de gel
Oiseau de givre à la voix cassée
Comme une vitre.

APPARITION

Ayant atteint sa taille parfaite
La géante bouge dans l'ombre
Et fait vaciller la chambre sous son poids

Sa grandeur s'étire et s'étale
Contre les cloisons de bois
Touche le plafond d'ébène

Son œil creux luit
Comme un puits
Dans les ténèbres

Sa respiration forte comme une marée d'équinoxe
Soulève ses côtes d'ivoire
On peut voir son cœur rougeoyant
Entre les barreaux blancs
Ossuaire et splendeur

Sans déchirer l'air ni rompre la nuit
Dans les ténèbres grasses
Elle médite et cherche obstinément

Le point le plus fin
Pour y plonger son couteau
La prunelle de mes yeux.

POÈMES NOUVEAUX
(1987-1989)

TERRE BRÛLÉE

Les soleils excessifs de ces sols brûlés
Ont l'ardeur secrète des pierres mortes.

Leurs prunelles depuis longtemps soufflées
                                          pareilles à des bougies
Luisent sourdement au plus creux de la terre
Semblables à des volcans endormis.

D'un lieu d'exil froid comme la lune
Dans la cendre et la lave grise
Ils émettent d'étranges rayons en secret

Oiseaux fous la tête sous l'aile
Occupés à manger leur cœur
Qui scintille
Comme la neige.

L'ANGE GARDIEN

L'ange qui marche obstinément derrière toi
D'un soleil à l'autre
Ne projette aucune ombre sur la route
Pareil au vent qui passe.

Il murmure des paroles graves
Dans l'air plein d'abeilles
Et sans cesse soupèse ton âme en secret
Installe ses balances fines
Jusqu'au cœur noir de la nuit.

Si d'aventure il écartait ses doigts pleins de bagues
Dessus sa face auguste
L'éclat de son feu te surprendrait comme la foudre

Tu verrais du même coup
Dans un éclair
Luire ses hautes bottes vernies
Incrustées de miroirs polis
Et battre ses ailes immenses blanches
Si blanches et douces
Comme de la mousse
D'une telle douceur blanche
Que plus d'un enfant s'y noya
Désirant y poser sa tête.

JARDIN DÉVASTÉ

Les cornettes fripées
De ces hauts lis fanés
Ont l'allure calme
Sur leurs tiges droites
Des épouvantails
Balancés par le vent.

Et l'âme en peine
Des nonnes disparues
Qui flotte dans l'air bleu
Ne trouve aucun point
Où se poser
Et clamer sa plainte.

LES VIEUX

Parmi les troncs griffus des citronniers
Sous les feuillages chantants
Piqués de fruits d'or
Ils promènent leurs os cassants
D'un air faussement distrait.

Insectes et fleurs interchangeables
Ils se reconnaissent de loin
Se flairent à distance
Captent un pollen dans l'air
Un amour en perdition qui s'évapore.

Ils se saluent profondément
Se font des tas de petites manières polies
Parlent du beau temps et de la pluie

Insomnies douleurs et courants d'air
Sont évoqués avec déférence

Intarissables comme si le temps leur appartenait encore
Ils semblent ignorer qu'ils sont morts
Depuis pas mal d'années.

CHANT DE CLOCHES

Un chant de cloches
Au creux de la vallée
Monte comme une fumée brune
Franchit la montagne
Se mêle aux nuages
Fait le tour de la terre
Atteint mon âme dormante
Dans un repli de songe.

L'OFFENSE FAITE AU JARDIN

Les vivants dans le jardin
Ont tondu la pelouse vert-de-gris
Tuant toute musique au creux des nids

Ne voient pas le jour
Couvrent leurs paupières
Avec des mains pleines de bagues

Oublient de respirer la rose
Qui s'offusque derrière ses épines

La plus légère s'enfuit à toutes jambes
Échevelée piétinant les plates-bandes

Son cœur d'oiseau devient visible
À travers sa robe transparente

Elle court si vite
Que les morts ont de la peine à l'appréhender
Sur la ligne d'horizon

Lui font aussitôt grief
De l'offense faite au jardin
Qui s'efface déjà sur le ciel
Comme une abeille
En plein vol.

MATIN ORDINAIRE

C'est un matin ordinaire
Tout gris de nuit
Comme une taupe secoue la terre
Sur son pelage d'argent
Cligne des yeux au sortir
D'un long souterrain noir
Se remet à vivre
Lentement
Comme à regret
Tandis qu'une boule de feu
Derrière les nuages
Prépare sa lumière crue
Sans ménagement
Aiguise mille couteaux flamboyants.

SILENCE

Nerfs à vif
Comme tessons de bouteille
Voici le silence
En pluie bienfaisante
Qui s'affale
Tout à coup
Sur l'asphalte
Et fait des flaques fraîches.

LE CŒUR SARCLÉ

Le cœur sarclé
En plein soleil
Cet amour qu'il faut
S'arracher d'entre les côtes
À midi
Parmi le feu de l'été.

REFERME L'EAU

Referme l'eau comme un lit
Tire l'eau lisse sans un pli

Songe à l'euphorie du nageur
À la vitesse de son cœur fluide
De l'autre côté du monde
Dans l'étirement de sa joie

La vie étrange luit dans ses cheveux
Blanche comme le sel.

NUIT D'ÉTÉ

La ville entière dans sa clameur nocturne
Déferle en lames sonores

Passant par les hautes fenêtres de la canicule
La basse des rockeurs accompagne sourdement
Le Salve Regina des Intégristes

Rires paroles incohérentes chuchotements
Vrombissements et pétarades

Odeurs odeurs fortes à mourir
Poussières et cendres étouffantes
Pollens volants et chats errants

Les petites vieilles qu'on torture et qu'on assassine
Dans des chambres fermées
Demeurent secrètes et cachées
Jusqu'à la fin
Sans aucun cri perceptible
Dans la ville noire tonitruante

Foires des nuits orageuses
Garçons et filles se flairent
Dans des touffeurs d'étuve

Trafiquent l'amour et la drogue
Sous le néon strident
Sous la voûte sombre des ruelles

Tandis qu'au ciel sans lune ni soleil
Des devins obscurs leur promettent l'étoile parfaite
Délices et mort confondues en un seul éclair.

QUE DIEU SOIT

Balancé par le songe
Sommé d'exister
Dieu qu'on nomme
Et sacre en haute mer
Grande face obscure
À la surface des eaux
Dieu qu'on interpelle
Sur la ligne d'horizon
Dieu
Paraissez
Dans le sel et l'écume
Soyez
À ma demande
Feu noir
Qu'on presse
Et désire
Dieu
Vivez
De la pointe de l'aube
À la racine du soleil
Total et entier
Franchissant la barre du jour
Émergeant des ténèbres
Et du néant opaque
À ma faim à ma soif
Rendez-vous
Devenez l'océan vivace

Sur son aire établi
Ni source
Ni embouchure
Absolu
En son grondement
Qui remonte
Et descend
Sur le sable
Comme un éclair
Qui me passe
Et repasse
Sur la face
Et brûle
À mesure
Son propre sang
Qui ruisselle
Sans fond
Et recommence
Sans fin
L'aurore éclatante.

UNE FOIS SEULEMENT

C'était en des temps si obscurs
Que nulle mémoire profane n'en garde trace

Bien avant les images et les couleurs
La source du chant s'imaginait
À bouche fermée
Comme une chimère captive

Le silence était plein d'ombres rousses
Le sang de la terre coulait en abondance
Les pivoines blanches et les nouveau-nés
S'y abreuvaient sans cesse
Dans un foisonnement de naissances singulières

L'oiseau noir dans son vol premier
Effleura ma joue de si près
Que je perçus trois notes pures
Avant même qu'elles soient au monde

Une fois, une fois seulement,
Quelque chose comme l'amour
À sa plus haute tour
Que se nomme et s'identifie

Le secret originel
Contre l'oreille absolue révélé

Dans un souffle d'eau
Candeur déchirante
Fraîcheur verte et bleue

Une fois, une fois seulement,
Ce prodige sur ma face attentive
Ceci, quoique improbable, je le jure,
Sera plus lent à revenir
Que la comète dans sa traîne de feu.

LEÇON DE TÉNÈBRES

S'endormir debout
Comme un arbre
Dans la nuit

Sans cils ni paupières
Les yeux grands ouverts
S'emplir de nuit
À ras bord

Le cœur noir de la nuit
Ruisselle sur mon cœur
Change mon sang
En encre de Chine

La nuit fluide coule dans mes veines
Je m'enracine en forêt noire
Chevilles liées
Âme dissoute dans la nuit

Immobile
Attendre que les temps soient révolus
Dans l'espoir d'une petite étoile
À l'horizon couleur de suie.

BEL ÉTÉ

Soleil à tue-tête
Sur la mer à midi
Flèches d'or
Ardente déraison
Je file sous l'eau verte
À la recherche de l'âme du feu
Qui brille parmi les algues.

BAIGNEUSE

Soleil en pluie sur la mer
Soleil roux soleil jaune
Blanc soleil de midi
Bleu soleil sur la mer
Mélange des eaux et du feu
À midi.

Onde profonde où je descends
Mer verte mer bleue
Rutilante
Verte bleue
Profonde où je descends

Du bout de l'eau ramenée
Remonte à la surface
Comme une bulle de jour
Poisson d'argent
Sur le dos sur le ventre
Criblée de flèches d'or

Invente à loisir
Des pièges fins
Des écluses tranquilles
Des nasses liquides
Pour saisir le soleil
Entre mes doigts mouillés.

L'AIDE-MÉNAGÈRE

Toute sa misère cachée
Sous un tas de fagots
Lié sur son dos
Dans l'aube cotonneuse

La vieille se traîne et meurt
Aussitôt disparaît
Brindille sèche
Parmi les branches mortes

Le jour recommence à l'horizon
Un coup de chiffon
Sur ciel et terre
Efface nuées éparses et vieille morte
Cela grâce à une aide-ménagère
Venue d'on ne sait où

Transparente dans la lumière revenue
Elle trône pleine de gaieté
Soucieuse de la pureté du jour
Et de l'oubli souverain de la terre en marche.

ÉTRANGE CAPTURE

Du côté du pôle arctique
On a remué le champ de neige
À perte de vue désirant prendre au piège le soleil

On a tendu des filets de givre
Roulé des blocs de glace indigo
Brassé des millénaires de neige vierge
Tout un appareillage de fin du monde

À l'heure du couchant
Avant qu'il ne bascule
Derrière l'horizon neigeux
Le soleil fut appréhendé
Au plus vif du cercle polaire
Mis en cage dans un glacier transparent

Longtemps on a pu voir son cœur jaune
Battre à travers le gel
Émettre d'étranges rayons froids
Comme une lune maléfique
Dans la nuit noire
Tandis que tout un peuple transi
Suppliait l'inhumaine boule safran
De quitter sur-le-champ la carte du monde.

LES ÂMES MORTES

Les âmes mortes qui voltigent au plafond
Pareilles à des hiboux surpris par la lumière
À tant tourner se cognent les unes contre les autres
Prunelles crevées plumes broyées ergots épars
Éclatent et se brisent
Retombent en mille éclairs qui se déchirent
Comme une pluie acide une grêle noire
Atteignent en flèches vives mon corps et mon âme
Se piquent au plus creux de mes os.

LES SAULES

Les saules pensifs
Lissent leur chevelure printanière
Au bord de la rivière
S'éprennent de leur reflet d'or
Dans l'eau claire
Se penchent tant et tant
Qu'il s'en noie quelques-uns.

DE TOUTES PETITES PEINES

De toutes petites peines
Quotidiennes
Posées sur le pré à midi

Larmes d'enfants
Mises à sécher sur l'herbe verte

Fondent au soleil
Montent au ciel
Si légères et transparentes

Se mêlent aux nuages
Ne laissent dans l'air pur
Nulle trace ni plainte visible.

SOUS LA VOÛTE CÉLESTE

Haines et saisons
Tourne la planète
Dans l'air troué de balles

À chaque seconde
Une étoile de feu
Éclate dans la chair humaine

Tendre pâture
Du bout du monde rassemblée
Livrée aux maîtres de la terre

Sous la voûte céleste
D'un bleu d'outremer.

LES FUSILLÉS

Dans le petit matin
Alignés contre le mur
Ils ont des mains puissantes
Des chemises déboutonnées
Des dents de loup
L'allure cavalière
Fument par tout le corps l'honneur de vivre
Comme une fumée légère
Qui s'éloigne d'eux
Très vite
À mesure
Que file le sang
Criblé de balles.

SOLEIL DÉRISOIRE

Soleil jaune au poing
Elle s'appelle Liberté
On l'a placée sur la plus haute montagne
Qui regarde la ville
Et les pigeons gris l'ont souillée
Jour après jour

Changée en pierre
Les plis de son manteau sont immobiles
Et ses yeux sont aveugles
Sur sa tête superbe une couronne d'épines et de fiente

Elle règne sur un peuple de tournesols amers
Agités par le vent des terrains vagues
Tandis qu'au loin la ville fumante
Se retourne sur son aire
Et rajuste les chaînes aux chevilles des esclaves.

TABLE

LE TOMBEAU DES ROIS

MYSTÈRE DE LA PAROLE

LE JOUR N'A D'ÉGAL QUE LA NUIT

POÈMES ANCIENS 1961-1980

Poèmes nouveaux 1987-1989

6217